Inhalt

Offshore-Windparks - deutschen Windparks auf hoher See bläst strammer Wind entgegen

Kernthesen

Beitrag

Fallbeispiele

Zahlen und Fakten

Weiterführende Literatur

Impressum

Offshore-Windparks - deutschen Windparks auf hoher See bläst strammer Wind entgegen

Autor GENIOS BranchenWissen: A.Schneider

Kernthesen

- Deutschland ist international Vorreiter bei der Windenergie, bei Offshore Windparks aber nur Nachzügler.
- In der Nordsee sind derzeit 30 Offshore-Windkraftanlagen geplant, in der Ostsee weitere neun.
- Die Windkraftnutzung im offenen Meer steht vor hohen technischen und genehmigungsrechtlichen Hürden.

- Hohe Netzanschlusskosten erschweren die Finanzierung, doch das geplante Infrastrukturbeschleunigungsgesetz hängt fest.

Beitrag

Wie stellt man Windräder auf, so hoch wie der Kölner Dom, also knappe 160 Meter, mit Flügeln so weit, dass sie die Fläche von zwei Fußballfeldern überstreichen, weit draußen auf hoher See, 30 bis 100 Kilometer von der Küste entfernt, in 40 Metern Wassertiefe, so dass sie dort stabil stehen, möglichst viel Strom liefern und dabei auch noch wirtschaftlich sind?

Deutschland ist Nachzügler bei Offshore Windparks auf hoher See

Das ist bestimmt keine leichte Aufgabe, und so wundert es eigentlich wenig, dass sich in Deutschland in der Tat noch kein einziges Windrad auf hoher See dreht. Deutschland ist zwar international als Vorreiter bei der Windenergie anerkannt, bisher aber bei Offshore Windparks, also Windparks auf offenem Meer, nur Nachzügler. Bisher gibt es nur zwei kleine Pilotprojekte, ein halbes

Dutzend Messplattformen, 17 genehmigte Parks, und weitere 22, die geprüft werden. (1)

Die beiden Pilotanlagen in Emden (eine 4,5 Megawatt starke Enercon E112) und in Rostock (eine 2,3 Megawatt starke Nordex N90) stehen ganz nah am Ufer, lediglich mit den Füßen im Wasser und können streng genommen nicht zu den Offshore-Anlagen gezählt werden.

Auf den Forschungsplattformen Fino 1 in der Nordsee, Fino 2 in der Ostsee und bald auch Fino 3, 80 Kilometer westlich von Sylt, wollen Forscher herausfinden, wie Windräder sicher und kostengünstig ins Meer gebaut werden können. (2)

Seit Frühjahr 2005 sammelt nordwestlich von Helgoland der Messpfahl Amrumbank West Daten über das Windangebot draußen auf hoher See und die Beanspruchung der Masten durch ständig aufprallende Wellen. Nicht weit davon sind zwölf Windräder in Deutschlands erstem (für 2008 in Aussicht gestellten) Forschungs-Offshore-Windpark Borkum West geplant. (3)

Unsere europäischen Nachbarn sind da schon weiter. In den Seegebieten vor Dänemark, Großbritannien, Schweden, Irland und den Niederlanden liefern mittlerweile 23 Offshore-Windparks mit mehr als 300

Windrädern und einer Leistung von rund 700 Megawatt Strom, der über Seekabel in die nord- und westeuropäischen Stromnetze eingespeist wird. Die meisten Windräder drehen sich allerdings dicht an der Küste in wenig tiefem Wasser, was deutlich einfacher ist.

Doch auch für Deutschland ist es an der Zeit, denn die günstigen Windregionen an Land sind inzwischen recht gut mit Windenergieanlagen versorgt. Die besten Standorte sind besetzt. Die installierte Leistung steigert sich nur noch um rund zehn Prozent pro Jahr. Die Zahl der Neuaufstellungen ist rückläufig, der Ersatz älterer durch leistungsfähigere moderne Anlagen kommt erst langsam in Schwung. Die Zukunft der Windindustrie liegt im Meer. Pläne gibt es reichlich.

39 Offshore-Windkraftanlagen sollen entstehen

Die Bundesregierung plant in ihrer Offshore-Strategie, bis 2030 Offshore-Windräder mit einer Leistung von 25 000 Megawatt zu installieren. Dazu müssten 5 000 Windräder der momentan in der Erprobungsphase steckenden Fünf-Megawatt-Klasse auf dem Meeresboden verankert werden. Windparks in Nord- und Ostsee sollten in den nächsten 20 bis 30 Jahren rund 15 Prozent des deutschen Strombedarfs liefern. Das mögliche Investitionsvolumen wird vom Verband Deutscher Maschinen- und Anlagenbauer VDMA auf rund 45 Milliarden Euro bis zum Jahr 2030 geschätzt. (3), (4)

In der Nordsee sind derzeit 30 Offshore-Windkraftanlagen geplant, in der Ostsee weitere neun. Mit der Umsetzung der Projekte hapert es jedoch. Noch haben sich die Großen der Windbranche wie Vestas, GE Energy, Enercon und Repower Systems noch nicht weit aufs offene Meer hinausgewagt.

Hohe Netzanschlusskosten erschweren Finanzierung

Zum einen hängt es an der Finanzierung. Auf die eigentlichen Windenergieanlagen entfallen nur etwa 70 Prozent der Gesamtkosten; bis zu 30 Prozent der gesamten Investition in eine Offshore-Anlage machen allein die Netzanschlusskosten aus. Nach geltender Rechtslage müssen die Anlagenbetreiber die Kosten für die Verkabelung selbst tragen. Doch die Windradhersteller können und wollen diese Kosten nicht alleine schultern.

Infrastrukturbeschleunigungsgesetz hängt fest

Mit dem neuen Infrastrukturbeschleunigungsgesetz der Bundesregierung sollten nun die Energieversorgungsunternehmen zur Kostenübernahme und zur Bereitstellung von Land-Einspeisepunkten verpflichtet werden. Das hieße im Klartext, dass die Betreiber der norddeutschen Hochspannungsnetze, also vor allem Eon und Vattenfall, die Leitungen zur See ausbauen sollten. Kostenpunkt: rund drei Milliarden Euro; Voraussetzung: die Windparks gehen bis 2011 in Bau. Doch die Netzbetreiber wehren sich und so beißt sich gewissermaßen die Katz in den Schwanz: Da es auf dem Meer noch keine Windparks gibt, fehlen auch die Leitungen, die deren Strom abtransportieren könnten. Doch solange die Kosten für den Bau der Leitungen nicht geschultert werden, können auch die Windparks nicht gebaut werden. Derzeit jedenfalls torpedieren sich Anlagenbetreiber und Netzbetreiber einerseits, Bundestag und Bundesrat andererseits gegenseitig. Es geht also nichts voran. (5), (6)

Branche fordert mehr Geld für

Offshore-Strom

Das Erneuerbare-Energien-Gesetz (EEG) sieht derzeit eine Vergütung für Strom aus Offshore-Anlagen in Höhe von 9,1 Cent je Kilowattstunde vor. Für Windanlagen im Binnenland beträgt dieser Wert 8,36 Cent. Die Windenergie-Branche schlägt vor, bis zur turnusmäßigen Novellierung des EEG in zwei Jahren einen Technologiebonus von sechs Cent je Kilowattstunde Offshore-Windstrom festzulegen. Doch wer will/soll das bezahlen?

Technische Herausforderungen noch nicht gemeistert

Und es hapert auch an der Technik. Es ist wohl in Deutschland besonders schwierig, Offshore-Windkraftanlagen zu bauen. Aus Naturschutzgründen müssen die Windparks in einer Entfernung von 30 bis 100 Kilometern und in bis zu 40 Meter tiefem Wasser errichtet werden. Wellenberge in der Nordsee, Eisschollen in der Ostsee, nahezu permanenter heftiger Wind, Gewitter, Blitze und die aggressive, salzhaltige Luft stellen hohe Ansprüche an die Technik. Die Anforderungen an die Statik und die Fundamente, aber auch der Aufwand für die Kabelverbindung bis zum Festland und die Wartung

sind daher sehr hoch. Von den sehr leistungsstarken Anlagen gibt es aber derzeit nur Prototypen und erste Testanlagen.
Man schätzt, dass die Installation von einem Megawatt Offshore-Leistung mindestens 2,5 Millionen Euro kosten wird. Zum Vergleich: Ein entsprechendes Windrad auf der nordfriesischen Wiese kommt auf etwa eine Million Euro.

Die Hersteller kann das teuer zu stehen kommen. Ein Beispiel: Weltmarktführer Vestas musste vor Dänemark teures Lehrgeld bezahlen. Der dänische Windradhersteller demontierte erst im Sommer 2005 rund 80 Anlagen des Windparks Horns Rev vor der dänischen Küste und ließ sie an Land reparieren. Die feuchte, salzhaltige Luft hatte die Transformatoren und Generatoren der Anlagen in kaum zwei Jahren Betriebszeit zerstört. Und in diesem Jahr mussten bei einem Park vor der britischen Küste die Hauptlager aller 30 Turbinen ausgewechselt werden. Geschätzter Schaden: 30 Millionen Euro. (4)

Man wird sehen, wie lange es dauert, bis alle Hürden überwunden sind und das Zeitalter der Mega-Windmühlen in der deutschen Nord- und Ostsee beginnt. Doch bis die Träume von schwimmenden Offshore-Parks mit 150 schwimmenden

Windkraftanlagen der 3- bis 5-Megawatt-Klasse, wie sie die Arcadis AG vor Rügen bauen möchte, wahr geworden sind, wird noch viel (Regen-) Wasser die Windmühlen (an Land) hinabrauschen.

Fallbeispiele

Die Energieversorger Vattenfall, Eon und EWE haben mit Unterstützung des Bundesumweltministeriums vor der Nordseeinsel Borkum ein Testfeld angelegt. Bis 2008 sollen 45 Kilometer vor der Küste in einer Tiefe zwischen 28 und 32 Metern zwölf Windräder der Fünf-Megawatt-Klasse errichtet werden. Rund 180 Millionen Euro kostet das Projekt. (7)

Eon plant fünf Offshore-Windpark-Projekte: drei in der Nordsee, nämlich bei Borkum, Amrum und Juist, und zwei in der Ostsee. Für das jüngst angekündigte Projekt Offshore-Windpark-Delta-Nordsee in der Nähe der ostfriesischen Insel Juist sollen zunächst 80 Windräder mit einer Leistung von jeweils 3,5 Megawatt aufgestellt werden. Die geplante Gesamtleistung von 260 Megawatt entspricht etwa der eines Blocks in einem Gaskraftwerk. (8)

Sehr lehrreich ist für den deutschen Hersteller Repower das Beatrice-Projekt. Vor der Küste Schottlands errichtete die Hamburger Firma Repower Systems Ende August die erste Fünf-Megawatt-Anlage, das derzeit größte Windrad der Welt. 4 500 Haushalte können damit versorgt werden. Doch seither verhindert das Wetter, dass der bereitgehaltene riesige Schwimmkran das zweite Windrad installieren kann. Die Kosten für die beiden geplanten Windräder sind inzwischen von anfänglich kalkulierten rund 30 Millionen Euro auf weit über 40 Millionen Euro gestiegen. (4)

Zahlen & Fakten

Offshore-Windbranche:

- In Deutschland sind 39 Offshore-Windprojekte geplant.

- Bis 2030, so das Ziel der Bundesregierung, sollen vor deutschen Küsten 20 000 bis 25 000 Megawatt Offshore-Windleistung installiert werden und allein rund 15 Prozent des deutschen Strombedarfs decken.

- Angeschoben wird damit ein Investitionsvolumen von 50 Milliarden Euro.

- Pilotcharakter haben die etwa 400 Nearshore-Windanlagen mit einer Gesamtleistung von rund 700 Megawatt, die sich bereits heute in Küstennähe auf Projekte in fünf Ländern (Dänemark, Schweden, Großbritannien, die Niederlande und Irland) verteilen.

- Weltweiter Vorreiter ist Dänemark, wie schon bei der Onshore-Windenergie.

- Erst für Ende des Jahrzehnts rechnet die Branche mit einem relevanten Markt.

- Der Europäische Windenergie Verband (EWEA) prognostiziert allein für Europa ein Marktpotenzial von 10 000 Megawatt bis 2010 und 70 000 Megawatt bis 2020.

Windbranche gesamt:

- Die weltweit installierte Leistung hat sich in den vergangenen drei Jahren verdoppelt und beträgt heute knapp 60 000 Megawatt. Wenn der Wind kräftig bläst, können so 50 Atomkraftwerke ersetzt werden. Bleibt es bei den derzeitigen Wachstumsraten, wird schon 2020 mehr Strom mit Windrädern als mit Atomkraftwerken erzeugt. Setzt sich auch der bisherige Trend sinkender Kosten pro erzeugter Kilowattstunde fort, wird der Windstrom um das Jahr 2015 herum billiger sein als Elektrizität aus konventionellen Kraftwerken.

- Die weltweit höchsten jährlichen Wachstumsraten hat die Windenergie derzeit mit mehr als 40 Prozent in China, Indien und den USA.

- Noch aber stehen 70 Prozent aller Windräder in Europa.

- Die deutsche Windkraftbranche ist mit rund 5 Milliarden Euro Umsatz Weltmarktführer.

- Insgesamt stehen in Deutschland heute 18 050 Windräder mit einer installierten Leistung von 19 300 Megawatt.

- Der Anteil der Windkraft an der Stromerzeugung beträgt heute 6,8 Prozent.

- 495 Windanlagen wurden im ersten Halbjahr 2006 in Deutschland neu aufgestellt.

- 71 Prozent aller in Deutschland produzierten Windkraftanlagen wandern ins Ausland. Der Anteil deutscher Firmen am Weltmarkt liegt bei 30% bzw. vier Milliarden Euro.

- Rund 70 000 Menschen sind in der deutschen Windenergiebranche beschäftigt. (9), (3), (10)

Weiterführende Literatur

(1) O.V., 39 Wind-Parks auf See in Planung, Rhein-Zeitung, 28.11.2006
aus www.powernews.org Meldung vom 13.06.2006 - 09:20

(2) Messstation auf hoher See Die Forschungsplattform Fino 3 soll der Offshore-Windindustrie auf die Sprünge helfen
aus Berliner Zeitung, Ausgabe 269 vom 17.11.2006, S. 13

(3) Das schwierige Geschäft mit dem Ökostrom aus Seeluft
aus Frankfurter Allgemeine Zeitung, 24.10.2006, Nr. 247, S. T1

(4) Rückenwind für Offshorestrom Das neue Infrastrukturgesetz entlastet die Betreiber von Windparks auf dem offenen Meer. Doch Seewetter und Salzwasser stellen die Technik auf eine harte Probe
aus Financial Times Deutschland vom 27.10.2006, Seite 34

(5) Offshore-Windparks geht die Luft aus
aus Handelsblatt Nr. 228 vom 24.11.06 Seite 6

(6) Windparks auf offenem Meer vor Durchbruch 92 Projekte geplant
aus Lausitzer Rundschau vom 28.11.2006

(7) Hohe Nachfrage aus USA, China und Indien / 2008 erste Anlagen in Nordsee
aus LVZ/Leipziger-Volkszeitung, 05.12.2006, S. 11

(8) Hoffnung auf die steife Brise
aus Frankfurter Allgemeine Zeitung, 05.12.2006, Nr. 283, S. 21

(9) Bundesverband Windenergie, Die Windindustrie in Deutschland: Offshore, www.deutsche-windindustrie.de
aus Frankfurter Allgemeine Zeitung, 05.12.2006, Nr. 283, S. 21

(10) Windenergie
aus DIE ZEIT Nr.48

Impressum

Offshore-Windparks - deutschen Windparks auf hoher See bläst strammer Wind entgegen

Bibliografische Information der deutschen Nationalbibliothek

Die Deutsche Nationalbibliothek verzeichnet diese Publikation in der deutschen Nationalbibliografie; detaillierte bibliografische Daten sind im Internet über http://dnb.d-nb.de abrufbar.

ISBN: 978-3-7379-2336-1

© 2015 GBI-Genios Deutsche Wirtschaftsdatenbank GmbH, Freischützstraße 96, 81927 München, www.genios.de

Alle Rechte vorbehalten. Dieses Werk ist einschließlich aller seiner Teile – z.B. Texte, Tabellen und Grafiken - urheberrechtlich geschützt. Jede Verwertung außerhalb der Grenzen des Urheberrechtsgesetzes bedarf der vorherigen Zustimmung des Verlags. Dies gilt insbesondere auch für auszugsweise Nachdrucke, fotomechanische

Vervielfältigungen (Fotokopie/Mikroskopie), Übersetzungen, Auswertungen durch Datenbanken oder ähnliche Einrichtungen und die Einspeicherung und Verarbeitung in elektronischen Systemen.

Deutschland ist international Vorreiter bei der Windenergie, bei Offshore Windparks aber nur Nachzügler. In der Nordsee sind derzeit 30 Offshore-Windkraftanlagen geplant, in der Ostsee weitere neun. Die Windkraftnutzung im offenen Meer steht vor hohen technischen und genehmigungsrechtlichen Hürden. Hohe Netzanschlusskosten erschweren die Finanzierung, doch das geplante Infrastrukturbeschleunigungsgesetz hängt fest.

http://www.genios.de
ISBN 978-3-7379-4797-8

9 783737 947978